Emse

reist nach

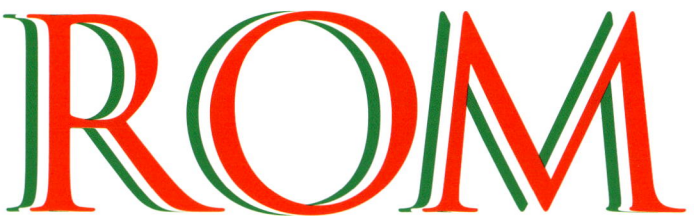

Mehr über Emse erfahrt ihr unter
www.emse-berlin.de

Von Emse gibt es auch:

 Emse reist nach Paris

 Emse streift durch Berlin

 Emse reist nach London

© 2015 Emse Verlag Berlin
Alle Rechte vorbehalten
Fotonachweis: Stefan M. Laebe
Layout: Naroska (www.naroska.de)
Druck: BGZ Druckzentrum, Berlin
ISBN 978-3-9816232-3-9

Emse

reist nach

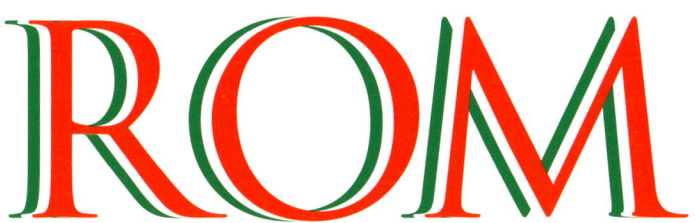

Von Ilona Murati und Margarete Schaffron

EMSE VERLAG BERLIN

Wovon ich euch erzählen will

Immer wenn ich einen besonderen **Tipp** für euch
habe, seht ihr mich ganz klein am Seitenrand.
Begriffe, die fett gedruckt sind, könnt ihr unter
Wissenswertes (ab Seite 80) nachschlagen.
Eure Emse

Dschelato und Kartschoofi

Ciao, ragazzi! Mi chiamo Emse. Wenn ich das sage, klingt es so: *Tschau Ragazzi! Mi kjamo Emse.* Das heißt: „Hallo Kinder! Ich heiße Emse" und ist italienisch. Normalerweise können Ameisen wie ich nur ameisisch sprechen. Aber ich habe von meinem besten Freund RCL die Menschensprache gelernt, und nun spreche ich sogar ein paar Sätze italienisch. RCL ist natürlich nicht sein richtiger Name, so heißen Jungs nicht. Weil seine Eltern nichts von unserer Freundschaft wissen sollen, verwenden wir diesen Decknamen. „Den kann ich mir gut merken", hat RCL mir erklärt, „denn **R**adfahren, **C**ool sein und **L**esen kann ich am besten."

Wie RCL und ich uns kennengelernt haben, ist eine längere Geschichte, in der Berlin eine wichtige Rolle spielt. Berlin ist nämlich unsere Heimatstadt. Ich wohne dort gewöhnlich in einem Ameisenhaufen im Park am Gleisdreieck und RCL in einer Wohnung ganz in der Nähe des Parks. Doch manchmal, wenn RCL in die Ferien fährt, reise ich in einer kleinen Schachtel mit, die RCL in seiner Jackentasche trägt.

Wir haben schon viele Orte gemeinsam entdeckt: Paris, London und selbstverständlich alle coolen Ecken von Berlin. Auch jetzt sind wir wieder unterwegs: Nach

Rom! Rom ist die Hauptstadt Italiens. Dort spricht man italienisch. „Wenn wir in Rom angekommen sind, möchte ich als erstes ein Gelato essen", raunt RCL mir leise zu, „das bedeutet „Eis". Man spricht es wie *Dschelato* aus." „Ja, ganz richtig", bestätigt Opa Georg. „Und *Kartschoofi* solltest du auch probieren. Das sind Artischocken, ein Lieblingsessen der Römer. Ich will dir mal eine lustige Regel erklären, damit du in Rom die italienischen Wörter besser lesen kannst", fährt Opa Georg fort. Er nimmt ein Blatt Papier und einen Stift aus seiner Tasche, schreibt etwas auf und erklärt dabei: „Wenn in einem Wort nach den Buchstaben c oder g ein a, o oder u folgen, spricht man es wie ka, ko, ku und ga, go, gu aus. Wenn nach den Buchstaben c und g ein e oder i steht, spricht man es tsche und tschi oder dsche und dschi aus. Deshalb musst du das Wort Artischocken, also Carciofi, wie *Kartschoofi* aussprechen, und aus Gelato wird ein *Dschelato*."

Der Zug, mit dem wir dann vom Flughafen in die Stadt fahren, heißt **Leonardo da Vinci** Express. Wie spricht man das aus? Genau! *„Leonardo da Wintschi".*

$$c + a, o \text{ oder } u = ka, ko, ku$$
$$g + a, o \text{ oder } u = ga, go, gu$$
$$c + e \text{ oder } i = tsche \text{ oder } tschi$$
$$g + e \text{ oder } i = dsche \text{ oder } dschi$$

In Rom gibt es köstliches Eis in
allen Farben des Regenbogens.

Das Stadtwappen von Rom

7-5-3 Rom kroch aus dem Ei

„Ist Rom tatsächlich schon 3000 Jahre alt?", fragt RCL beim Abendessen. „Fast", antwortet Opa Georg. „Natürlich weiß man nicht so ganz genau, wann Rom entstanden ist. Als Gründungsjahr wird allgemein das Jahr 753 vor Christi Geburt angesehen. Deshalb mussten wir als Kinder in der Schule den Merkspruch lernen: 7 – 5 – 3 Rom kroch aus dem Ei." Gerade stelle ich mir vor, wie lauter kleine Hütten aus einem Ei kriechen und langsam höher und höher in den Himmel wachsen. Die ersten sind schon so hoch wie Wolkenkratzer, als RCL mein schönes Bild zerstört. „Aber Opa, Rom ist doch nicht aus einem Ei gekrochen. Da gibt es doch die Geschichte mit Romulus und Remus!" Blitzschnell schrumpfen meine Wolkenkratzer wieder zu ganz kleinen Hütten und krabbeln in das Ei zurück.

RCL hat natürlich Recht. Die Geschichte, die der Dichter **Vergil** über die Gründung von Rom aufgeschrieben hat, geht so: Eine Wölfin fand die Zwillinge Romulus und Remus am Ufer des Flusses **Tiber** in einem Weidenkörbchen. Die beiden waren sehr durstig und tranken wie kleine Wolfsjungen die Milch der Wölfin.

Faustulus, ein Hirte, nahm die Kinder auf und sorgte für sie. Als die Zwillinge erwachsen waren, wollten sie auf den sieben Hügeln am Ufer des Tibers eine Stadt gründen. Sie wählten den Hügel Palatin aus, doch dann stritten sie sich darüber, wer der Anführer sein sollte. Romulus gewann. Ich glaube, deshalb heißt die Stadt heute Rom und nicht Rem. Ob sich das tatsächlich so zugetragen hat, weiß natürlich keiner. Jedenfalls ist es ist eine spannende Geschichte, die der Dichter Vergil aufgeschrieben hat und die bis heute immer wieder erzählt wird.

Romulus und Remus mit der Wölfin

Caesar und Augustus

An unserem ersten Tag in Rom steigen wir gleich morgens auf den Hügel Palatin. **Archäologen** haben dort die Überreste der Hütte ausgegraben, in der Romulus angeblich gewohnt haben soll. Also ganz ehrlich: Viel cooler finde ich den Blick von hier oben auf das Forum Romanum. Rechts und links stehen zwei beeindruckende Triumphbogen. Sie wurden zu Ehren der römischen Kaiser **Titus** und **Septimius Severus** errichtet. Dazwischen liegen umgestürzte Säulen und zerbrochene Quader herum, auch ein paar Mauerreste sind

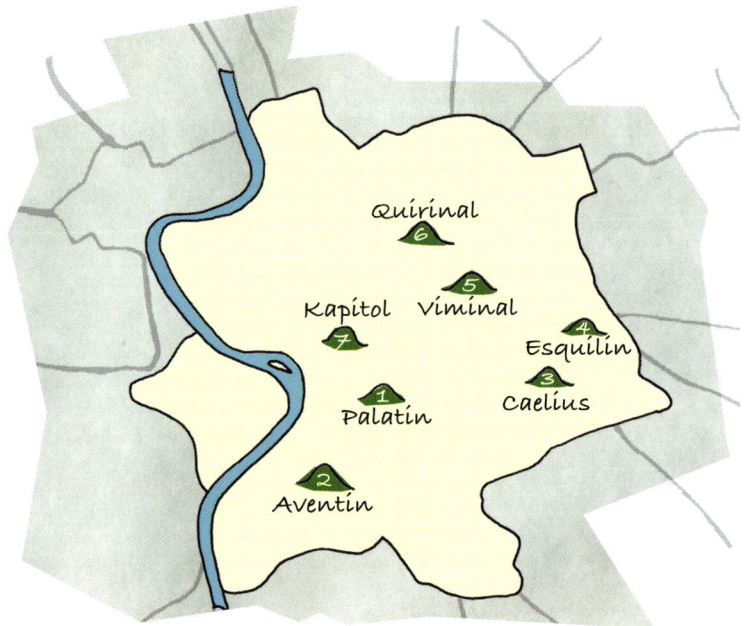

Die sieben Hügel Roms

zu sehen. Lange betrachte ich dieses steinige Durcheinander, das mir so rätselhaft zu Füßen liegt. Und ganz allmählich erkenne ich eine Ordnung in der Steinwüste. Gerade und geschwungene Linien sind wie Grundrisse von Häusern, Plätzen und Wegen angeordnet. Wunderschön schimmern die Ruinen in der Sonne. Es sind die Überreste der vielen prachtvollen **Tempel,** Hallen, Theater und Plätze, die die Römer hier in der **Antike** errichtet hatten.

In der Antike, also vor rund 2000 Jahren, war Rom der Mittelpunkt des Römischen Reiches. Zunächst war dieses Reich noch klein, nicht viel größer, als die Stadt Rom. Aber im Lauf der Jahrhunderte hatten die römischen Feldherren viele Feldzüge geführt und die Macht des Römischen Reiches stetig vergrößert. Auf dem Höhepunkt seiner Macht erstreckte sich das Römische Reich um das ganze Mittelmeer. Von Portugal und England im Westen bis zur Türkei im Osten reichte es. Auch Teile von Deutschland, das damals Germanien hieß, gehörten zum Römischen Reich.

Dieses ganze riesige Reich wurde von Rom aus regiert. Im Herzen Roms lag das Forum Romanum. Hier, auf dem Forum Romanum, wurden politische Entscheidungen getroffen und Recht gesprochen. Die Menschen kamen zum Forum, um zu diskutieren, Geschäfte zu

Das Römische Reich um das
Jahr 120 nach Christi Geburt

machen und die Tempel zu besuchen. Wenn ein römischer Feldherr von einer siegreichen Schlacht zurückkehrte, durfte er sich auf dem Forum Romanum mit einem Triumphzug feiern lassen.

Ein berühmter Feldherr in Rom war Julius Caesar. Die Asterix-Fans unter euch wissen, wen ich meine: Den Chef der Römer, der sich immer über die tapferen Krieger des unbeugsamen gallischen Dorfes aufregt. Diesen Julius Caesar gab es aber wirklich, und Opa Georg weiß wie immer gut Bescheid.

„Als Julius Caesar im Jahr 100 vor Christi Geburt auf die Welt kam, war Rom eine **Republik**. Das heißt: Es gab den Senat, in dem die Senatoren unter anderem

Hier trage ich eine römische Toga und habe mich als Julius Caesar verkleidet.

dafür zuständig waren, Gesetze zu erlassen. Und es gab die Volksversammlung, die Gesetze verhindern konnte. Außerdem durfte das Volk sich jedes Jahr zwei Bestimmer wählen. Diese Männer nannte man Konsuln. Sie führten den Vorsitz im Senat. Caesar war ein ehrgeiziger junger Mann und wollte auch zum Konsul gewählt werden. Dazu musste er das Volk davon überzeugen, dass er ein guter Konsul sein würde. Er übernahm viele politische Ämter und wurde schließlich Statthalter, also Chef, in Spanien. Hispania, wie Spanien damals genannt wurde, war nämlich eine Provinz des Römischen Reiches. Außerdem suchte er sich zwei mächtige Verbündete: Crassus und Pompeius. Sein Plan ging auf. Bei der nächsten Konsul-Wahl in Rom wurde er tatsächlich zum Konsul gewählt." Opa Georg blickt kurz über das Forum Romanum.

„Als sein Jahr als Konsul zu Ende ging, wurde er Statthalter in einer anderen römischen Provinz, die Gallia Cisalpina genannt wurde und ungefähr das Gebiet von Norditalien und noch ein bisschen mehr umfasste. Von dort aus eroberte er ganz Gallien, einen Teil von Germanien und landete sogar an der britischen Küste. Als ruhmreicher Feldherr kehrte er zurück und wollte jetzt wieder in Rom die Macht übernehmen. Dort war inzwischen sein früherer Verbündeter Pompeius zum Konsul gewählt worden. Caesar konnte sich denken, dass Pompeius ihn nicht in Rom haben wollte, denn auch Pompeius genoss seine Macht als Konsul und wollte keinen starken Gegenspieler. Deshalb traute sich Caesar nicht, ohne sein Heer nach Rom zu kommen. Also tat er etwas damals absolut Verbotenes und überschritt mit seinem Heer den Fluss Rubikon, der die Grenze Roms markierte. Das war wie eine Kriegserklärung an Pompeius. Der zögerte nicht lange und floh mit seinem Heer aus Rom. Caesar verfolgte ihn. Ein **Bürgerkrieg** entbrannte, aus dem Caesar als Sieger hervorging. Endlich hatte er sein Ziel erreicht: Er wurde Alleinherrscher, also alleiniger Bestimmer in Rom. Zuerst war er beim Volk sehr beliebt. Die Senatoren allerdings waren bald schon überhaupt nicht mehr damit einverstanden, wie Caesar regierte. Denn wie ein Tyrann machte er nur noch, was er wollte. Der Einfluss der Senatoren wurde immer kleiner. Das passte den Senatoren gar nicht. Im März des Jahres 44 vor Christi Geburt wurde Caesar während einer Sitzung des Senates getötet."

„Wie ging es dann weiter?", fragt RCL. „War dann alles wieder wie früher und wurde Rom wieder eine Republik?" „Das hatten sich die Senatoren so gedacht, aber daraus wurde nichts. Künftig wurde Rom von Alleinherrschern regiert. Es begann die Zeit der römischen Kaiser. Der erste römische Kaiser regierte be-

Römisches Paar auf dem Forum Romanum

sonders lange in Rom, nämlich über 40 Jahre: Kaiser **Augustus**. Er beendete endlich die Bürgerkriege, sorgte für eine stabile Regierung und die Einhaltung der Gesetze. So brachte er den Römern eine lange Zeit des Friedens und des Wohlstands. Rom blühte auf, denn die Menschen konnten wieder unbesorgt Handel treiben", beendet Opa Georg seine Erzählung.

Ich habe jetzt einen **Tipp** für euch. Während Kaiser Augustus regierte, wurden viele prunkvolle neue Bauwerke aus seinem Lieblingsmaterial errichtet: strahlend weißem Marmor. Eines davon hat ein eigenes und sehr schickes Museum bekommen: Die **Ara Pacis**, der Altar des Friedens. In den Reliefs, die die Ara Pacis schmücken, wird die Geschichte des Römischen Volkes erzählt.

Brot und Spiele

Kaiser Augustus wünschte sich zufriedene Untertanen. „Brot und Spiele" war ein Motto seiner Zeit: Die Bürger sollten ausreichend zu essen haben und mit Spielen unterhalten werden. „Das Kolosseum und den Circus Maximus will ich unbedingt ansehen", hatte mir RCL schon in Berlin verkündet. „Da gab es zur Zeit der alten Römer echte Gladiatorenkämpfe und Wagenrennen!"

Vom Forum Romanum aus sind es nur ein paar Schritte zum Kolosseum. Stellt euch vor, 50.000 Zuschauer konnten hier den Gladiatorenkämpfen zusehen! Ich glaube zwar, dass die Zuschauer ziemlich eng beieinander sitzen mussten, damit alle hineinpassten, aber trotzdem: Die Tribünen, zwischen denen wie herumspazieren, sehen gewaltig aus. In der Mitte des Kolosseums war früher die Arena. Unter der Arena, tief in der Erde, können wir noch die schmalen Gänge erkennen, in denen sich die Gladiatoren auf ihre Kämpfe vorbereiteten. Dunkel, eng und feucht sehen diese Gänge aus. RCL scheint das gar nicht aufzufallen. „Cool", träumt er vor sich hin, „da haben tatsächlich Gladiatoren mit Schwertern, Dolchen, Netzen und Dreizacken gegeneinander und gegen wilde Tiere gekämpft." „Also, ob die das so cool fanden, weiß ich nicht", gibt Opa Georg zu bedenken. „Die Gladiatoren waren oft **Sklaven** oder Gefangene, die zum Kämpfen gezwungen wurden. Es ging für sie um Leben und Tod. Sie mussten die Löwen, Tiger, Elefanten, Krokodile, Nilpferde, Bären oder eben die anderen Gladiatoren töten, oder sie wurden selbst getötet. Kein Zaubertrank verlieh ihnen besondere Kräfte." „Puuh, das war ja total grausam und gemein", muss jetzt sogar RCL zugeben. „Ja, absolut richtig, deshalb hat man diese grausamen Spiele später auch verboten", stimmt Opa Georg ihm zu.

Wir gehen weiter zum Circus Maximus. Dort wurden vor allem Wagenrennen veranstaltet. Natürlich

Das Kolosseum

Ich bin ein mutiger Gladiator und besiege
jeden, der sich mir in den Weg stellt.

fuhren die Wagen damals nicht mit Motoren, sondern wurden von zwei, drei, vier oder manchmal sogar acht Pferden gezogen. Alle Pferde waren nebeneinander gespannt. Stellt euch das Spektakel vor: Feierlich zogen die Wagenlenker mit ihren Wagen in die Arena ein, begleitet von Musik und Tänzerinnen. Unter dem Jubel der über 150.000 Zuschauer stellten sie sich in den Startboxen auf. Sobald das Startsignal ertönte, jagten die Wagen los. Über sieben Runden ging ein Rennen normalerweise. Auf den langen Geraden trieben die Wagenlenker ihre Pferde voran, durch die Kurven lenkten sie ihre Gespanne so waghalsig wie möglich, in der linken Hand die Zügel und in der rechten die Peitsche. Keinen Meter durften sie aufgeben. Mit allen Mitteln versuchten die Wagenlenker, sich gegenseitig aus der Bahn zu werfen, denn Regeln gab es praktisch keine. Jeder wollte nur das eine: Um jeden Preis gewinnen. Denn dem Sieger winkte nicht nur der tosende Applaus der Zuschauer und ein Palmenzweig, sondern vor allem viel, viel Geld und Ruhm.

Heute könnt ihr die Rennbahn auf der großen Rasenfläche nur noch erahnen. Auch von den Tribünen ist fast nichts mehr zu sehen. Damit ihr euch ein bisschen vorstellen könnt, wie es damals, also vor 2000 Jahren, im Circus Maximus aussah, habe ich ihn für euch

Wagenrennen im Circus Maximus

gezeichnet. Fast 600 Meter war er lang und 80 Meter breit, das größte Bauwerk seiner Zeit.

Das antike Römische Reich ist schon lange untergegangen. Aber bis heute haben die alten Römer Spuren in unserem Leben hinterlassen. Aus der Sprache der Römer, die man Latein nennt, haben sich viele neue Sprachen entwickelt, zum Beispiel Italienisch, Französisch, Spanisch und Portugiesisch. Diese Sprachen nennen wir deshalb die romanischen Sprachen. Auch viele deutsche Wörter haben ihre Wurzeln im alten Rom, zum Beispiel unser Wort „Familie", das auf Latein „familia" hieß. Sogar einige unserer Gesetze, die Regeln, an die wir uns alle halten müssen, gab es so ähnlich schon im alten Rom.

Unseren Kalender (auf Latein: „Calendarium") mit der Einteilung des Jahres in 365 Tage, unterteilt in 12 Monate, hat Julius Caesar eingeführt. Die Namen der Kalendermonate stammen ebenfalls aus dem alten Rom. Für den März war der römische Gott **Mars** der

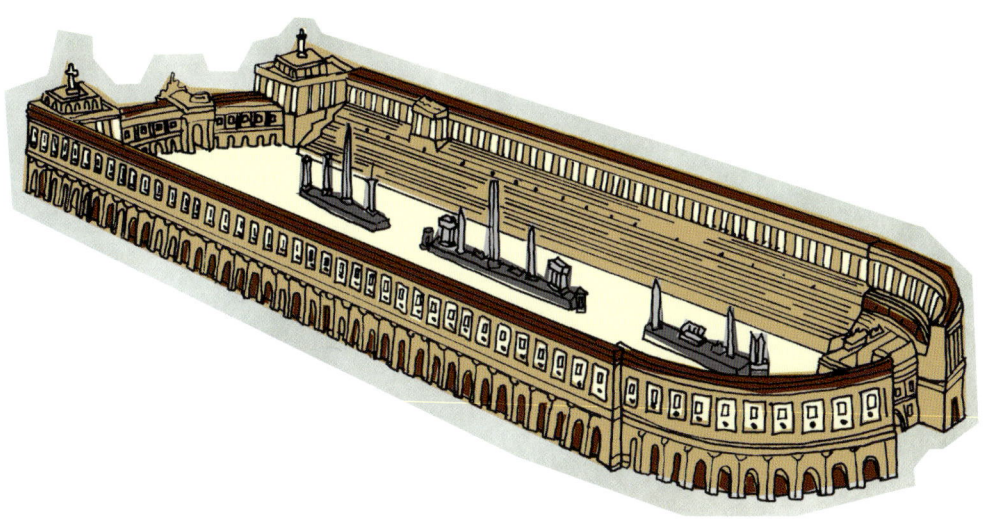

Circus Maximus

Namenspate und für den Monat Juni die römische Göttin **Juno**. Der Juli wurde nach Julius Caesar benannt, der August nach Kaiser Augustus.

So, und jetzt mal etwas, das nicht aus der Römerzeit stammt: Unsere Zahlen. Die haben wir nämlich aus dem alten Arabien übernommen.

I	II	III	IV	V
1	2	3	4	5
VI	VII	VIII	IX	X
6	7	8	9	10

L	C	D	M
50	100	500	1000

XII	XL	CCCLXV
12	40	365

CCCCLXVIII	MMXV
468	2015

Die lateinischen Ziffern kennen im Unterschied zu den arabischen Ziffern keine „Null".

Michelangelo und die Sixtinische Kapelle

Also, das hätte ich ja nun nicht erwartet: Da fährt man nach Rom ins sonnige Italien, und es regnet Bindfäden! Macht aber nichts, denn erstens wollen wir uns heute den Petersdom und die Vatikanischen Museen ansehen und zweitens sind wir keine Zuckerpüppchen von Tifus, das heißt, so ein bisschen Regen macht uns gar nichts aus.

Der Spruch mit den Zuckerpüppchen stammt leider nicht von mir. Das ist RCLs Lieblingszitat aus dem Asterix-Heft *Die Lorbeeren des Caesar.*

RCL hat mir erzählt, dass der Petersdom und die Vatikanischen Museen zum Vatikanstaat gehören. Obwohl der Vatikanstaat mitten in Rom liegt, ist er ein richtiger, souveräner Staat. Er hat eine Regierung, eine Verwaltung und ungefähr 900 Staatsbürger. Damit ist er der kleinste Staat der Welt. Chef des Vatikanstaates ist der Papst. Das ist aber praktisch nur eine Art Nebenamt für ihn. Vor allem ist der Papst das Oberhaupt, also der Chef der **katholischen Kirche** und für die Mitglieder der katholischen Kirche, die Katholiken, der Vertreter Gottes auf Erden. Weltweit gibt es ungefähr 1,2 Milliarden, also 1200 Millionen Katholiken. Da hat der Papst ganz schön viel zu tun.

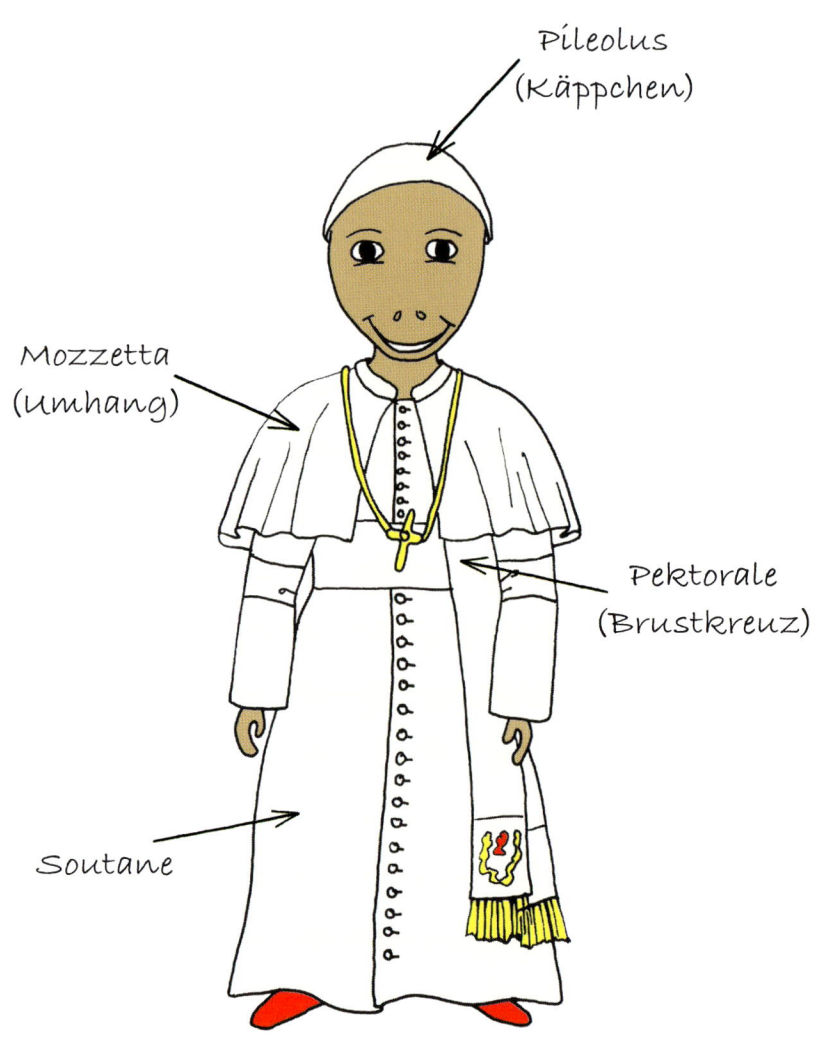

Pileolus
(Käppchen)

Mozzetta
(Umhang)

Pektorale
(Brustkreuz)

Soutane

Die Papstkleidung im Alltag

Mitra

Pallium

Ferula
(Hirtenstab)

Messgewand

Albe
(Leinenunterkleid)

Zum Gottesdienst trägt der Papst
ein besonders schönes Gewand.

Das Amt des Papstes gibt es schon sehr lange, eigentlich schon, seit Jesus seinen Jünger Petrus zu seinem Nachfolger auf Erden bestimmt hat. Petrus wurde der erste Bischof von Rom und als Vater, „papa" oder Papst der ersten christlichen Gemeinde verehrt. Daraus entwickelte sich das Amt des Papstes.

Mit der U-Bahn fahren wir zum Vatikan. Ein **Tipp**: Die **Eintrittskarten für die Vatikanischen Museen** kann man online besorgen, dann müsst ihr überhaupt nicht anstehen. Und noch ein **Tipp**: Besorgt euch einen **Roma Pass**. Der gilt zwar nicht für die Vatikanischen Museen, aber für viele andere Sehenswürdigkeiten in Rom und außerdem als U-Bahn Ticket.

RCL ist ganz neugierig auf alles, was die Päpste aus der Zeit des Römischen Reiches zusammengesammelt haben. Ich hingegen möchte eigentlich nur eines sehen: die unglaublichen Fresken in der Sixtinischen Kapelle. Sie gehören zum Allerschönsten, was in der **Renaissance** gemalt worden ist.

Im Jahr 1505 hatte Papst **Julius II**. den Künstler Michelangelo (sprich: *Mikelandscheloh*) Buonarotti damit beauftragt, ein Grabmal für ihn zu erschaffen. Michelangelo war begeistert, denn für so etwas war er der absolute Experte: Grobe Marmorblöcke in atemberaubend lebendige Figuren zu verwandeln, das konnte er besonders gut! Seine Skulptur der **Pietà,** die er als junger Mann erschaffen hatte, wurde damals bereits als großartiges Meisterwerk verehrt. Ihr könnt sie im Petersdom bewundern. Michelangelo ließ daher die schönsten Marmorblöcke

Michelangelo

auf den Petersplatz vor dem Petersdom bringen. In seinem Kopf sah er das Grabmal schon vor sich – doch dann überlegte Papst Julius es sich anders: Er wollte nun doch kein Grabmal, weil er ja noch lebte. Stattdessen gab er Michelangelo den Auftrag, die Decke in der Sixtinischen Kapelle neu zu bemalen. Michelangelo war ziemlich wütend und traurig. Er war Bildhauer und nicht Maler! Wehmütig betrachtete er die herrlichen, weißen Marmorblöcke. Leider konnte er den Auftrag des Papstes nicht ablehnen. Na gut, dachte er sich, dann würde er es dem Papst und der ganzen Welt zeigen: Die Decke der Sixtinischen Kapelle sollte mit den großartigsten, ungewöhnlichsten, atemberaubendsten Fresken bemalt werden, die jemals ein Künstler zu schaffen im Stande war!

Das Werk musste er gut planen. Denn ein Fresko zu malen, ist sehr schwierig: Auf die steinerne Wand, die bemalt werden soll, wird feuchter Putz aufgetragen. Der Putz darf nicht zu nass, aber auch nicht zu trocken sein. Auch muss er exakt zu den Steinen passen, auf die er aufgetragen wird. Wenn das alles geklappt hat, kann der Putz nur bemalt werden, solange er feucht ist, damit die Farbe sich fest mit dem Putz verbinden kann.

Deshalb muss jeder Arbeitsschritt genau vorausbedacht und für jeden Tag geplant werden. Nur ein kleiner Fehler, und die Arbeit eines ganzen Tages wäre verloren.

Während Michelangelo am Tag plante, mit dem Putz experimentierte und sich insgesamt ärgerte, dass er nun Fresken malen musste, lag er nachts wach, um die Gemälde zu entwerfen. Die Decke sollte die Erschaffung der Welt und der Menschen zeigen, wie sie im Alten Testament der Bibel erzählt wird. Er unterteilte die 40 Meter lange und 13 Meter breite Decke in 45 Felder. Für jedes Feld legte er fest, welche Geschichte dort erzählt werden sollte.

Vier Jahre lang lag er Tag für Tag auf dem Rücken und schuf die Fresken. Das erste Fresko, das Michelangelo in die Decke der Kapelle malte, erzählt die Geschichte der Sintflut. Den Höhepunkt spar-

Es ist ganz schön anstrengend,
jahrelang im Liegen zu malen. Auf dem
Holzgerüst ist es ziemlich unbequem.

te er sich bis ganz zum Schluss auf: Die Szene, in der Gott den Adam, also den ersten Menschen, erschafft. Gott und Adam strecken sich die Arme entgegen, so dass sich ihre Finger fast berühren. Damit war das Werk vollbracht.

Die kraftvollen, lebendigen Figuren, die kunstvolle Anordnung der einzelnen Szenen und die mutige Verwendung leuchtender Farben waren so unbeschreiblich meisterhaft, dass Papst Julius von der Pracht überwältigt war, als er die fertige Decke zum ersten Mal sah. Michelangelo hatte wirklich ein wahrhaftiges Meisterwerk geschaffen, wie es die Menschheit bis dahin noch nicht gesehen hatte.

Und genau unter diesem unglaublichen Meisterwerk stehe ich jetzt und darf es bewundern – ich, Emse, eine kleine, wenn auch schlaue, Ameise aus Berlin.

Nachdem wir auch noch die prunkvollen **päpstlichen Kutschen und Fahrzeuge** besichtigt haben – ein **Tipp**, den RCL allen Kutschen- und Autofans mitgeben möchte -, haben wir uns eine Pause verdient. Ganz in der Nähe des Vatikans essen wir eine knusprige Pizza. Ein **Tipp**: In der Via Cola di Rienzo gibt es viele Restaurants. Bei **Zi Gaetana** hat es uns sehr gut geschmeckt.

Bramante und der Petersdom

Gleich nach dem Mittagessen gehen wir zum Petersdom. Dort muss man leider wegen der Sicherheitskontrollen anstehen, doch es lohnt sich wirklich. Inzwischen scheint auch wieder die römische Sonne an einem tipp-topp-stadtentdeckerblauen Himmel. Die Wartezeit könnt ihr prima nutzen, um hinter den 284 Säulen, die das Oval des Petersplatzes umgeben, Verstecken zu spielen, die unterschiedlichsten Leute zu beobachten oder in den beiden Brunnen Papierschiffchen fahren zu lassen. Schließlich reicht es ja, wenn die Erwachsenen – in unserem Fall Opa Georg – geduldig für uns in der Schlange warten.

Der Petersdom ist die bekannteste und größte Kirche der Welt. Damit das auch jeder sehen kann, sind im Mittelschiff die Längen anderer berühmter Kirchen angegeben. Es war übrigens auch hier Papst Julius II., der im Jahr 1506 den Auftrag erteilte, diese neue Kirche zu bauen. Der erste Entwurf stammte von dem Renaissance-Baumeister **Bramante**, einem Zeitgenossen Michelangelos. Ungefähr 40 Jahre später fügte Michelangelo die 119 Meter hohe Kuppel hinzu. Ein Tipp für euch: Von der **Kuppel des Petersdoms** habt ihr einen unvergleichlichen Blick über den Vatikan und Rom.

Später wollte Papst **Urban VIII.** den Petersdom noch prunkvoller ausgestalten. Der Altar, an dem er seine Messen las, sollte besonders geschmückt werden. Also beauftragte er im Jahr 1624 den **Barock**-Architekten und Bildhauer Gian Lorenzo **Bernini**, über dem Papstaltar einen 29 Meter hohen Baldachin aus Bronze zu errichten. Mit diesem Papstaltar hat es eine besondere Bewandtnis: Er steht genau an der Stelle, unter der man das Grab von Petrus vermutet, dem ersten Bischof Roms, nach dem der Petersdom benannt ist.

Inzwischen seid ihr bestimmt schon am Eingang angekommen. Vergesst nicht, euch die Pietà von Michelangelo anzusehen. Viel Spaß im Petersdom! Ich mache es mir jetzt in meiner kleinen Schachtel gemütlich und halte ein Nickerchen.

Der Petersdom

Brunnen, Kirchen, Plätze und Bernini

Heute machen wir einen BKP-Tag und wollen uns die **B**runnen, **K**irchen und **P**lätze in Roms Altstadt, dem Centro Storico (sprich: *Tschentro Storico*) ansehen. Als RCL das verkündet, wird mir etwas schwindelig. In Rom gibt es ungefähr 1000 Kirchen und unzählige Plätze und Brunnen. Ich glaube, die Römer lieben Plätze mit Brunnen. Das ist eigentlich auch kein Wunder, denn früher waren die Brunnen die einzige Möglichkeit, in der Stadt sauberes Wasser zu bekommen. Aus **Aquädukten**, so nannte man Wasserleitungen früher, wurden die Brunnen regelmäßig mit frischem Wasser gespeist.

Darum bin ich mächtig froh, als RCL mich beruhigt: „Nenn ihn einfach 2-3-4 Tag. Wir sehen uns nur zwei Plätze, drei Brunnen und vier Kirchen etwas ausführlicher an."

Von unserem Hotel aus schlendern wir die Via Veneto hinab zu Brunnen Nummer 1. „Die Via Veneto ist eine ziemlich berühmte Straße. Früher trafen sich hier Filmstars und andere schöne und reiche Menschen und feierten wilde Parties". Damit hatte RCL mich schon in Berlin ganz neugierig gemacht. Also setze ich mich auf meinen Stammplatz auf RCLs Jackentaschenrand und halte Ausschau nach berühmten Filmstars in Pelz-

Schicke Römerinnen und Römer
flanieren über die Via Veneto.

mänteln, die wilde Parties feiern. Zwar habe ich schon bemerkt, dass die Römer viel Wert auf elegante Kleidung legen, doch berühmte Filmstars in Pelzmänteln sind heute leider nicht zu entdecken.

Außerdem würde ich die Filmstars gar nicht erkennen, weil hier alle Menschen große Sonnenbrillen tragen, sogar Opa Georg. „Opa Georg macht auf cool und jugendlich", flüstert RCL mir zu. „Er denkt bestimmt an seine Zeit als Student in Rom. Danach habe ich ihn schon oft gefragt, aber er lächelt immer nur und wechselt dann das Thema."

Inzwischen sind wir bei Brunnen Nummer 1 angekommen, dem Triton-Brunnen auf der Piazza Barberini am Ende der Via Veneto. Vier reichlich grimmig aussehende Delfine tragen zwei große Muschelhälften, auf denen ein muskulöser, übergroßer **Triton** thront, der durch ein Horn eine Wasserfontäne bläst. Nun ratet mal, wer den Brunnen im Jahr 1637 im Stil des Barock entworfen hat: der Architekt und Bildhauer Bernini, den wir schon aus dem Petersdom kennen. Auftraggeber war – na, was meint ihr? – natürlich ein Papst, nämlich wieder Urban VIII.

Wir spazieren weiter zu Brunnen Nummer 2: Dem Trevi-Brunnen. Auch diesen Brunnen wollte Papst Urban VIII. von Bernini bauen lassen. Bernini begann im Jahr 1640 mit der Planung, doch es fehlte das Geld zur Vollendung. Erst 80 Jahre später, als die Zeit des Barock schon fast vorbei war, errichtete der Architekt **Nicola Salvi** im Auftrag von Papst **Clemens XII.** den heutigen Trevi-Brunnen. Der Bau dauerte viele Jahre, weil Salvi es sehr genau nahm. Er wollte in der Mitte des Brunnens eine in Stein gehauene, zerklüftete Felslandschaft errichten. Erst nach mehreren Versu-

chen war er zufrieden. Wild und kantig sind die Fels-
brocken ineinander geschoben und aufeinander ge-
türmt. Auf den Felsen tummeln sich, wie schon beim
Triton-Brunnen, Tritonen, aber auch andere Fabelwe-
sen. Über ihnen, im Zentrum des Brunnens, erhebt
sich der Meeresgott Oceanus. Hinter dieser imposan-
ten Felslandschaft spannt sich ein großer Triumphbogen, der schon von einem neuen Baustil kündet: dem

Der Trevi-Brunnen

Klassizismus. Ich finde den Trevi-Brunnen und die vielen Gestalten, die sich da auf den Felsen herumlümmeln, echt beeindruckend. Außerdem rankt sich eine Legende um den Brunnen: Wenn man eine Münze über die linke Schulter ins Wasser wirft, geht ein Wunsch in Erfüllung.

So richtig berühmt wurde der Trevi-Brunnen vor allem wegen einer Szene in einem Film, in der die Hauptdarstellerin des Filmes im Trevi-Brunnen badet. Leider ist es absolut verboten, das nachzumachen!!!! Aber ich als kleine Ameise, die keiner bemerkt, stecke doch schnell meine Füße ins Wasser, bevor ich ganz eilig zu RCL zurückkrabble und mich zum nächsten Wunderwerk in Rom tragen lasse: Dem Pantheon.

Das Pantheon, unsere Kirche Nummer 1, ist urururalt. Der römische Kaiser **Hadrian** ließ sie im Jahr 120 nach Christi Geburt, also vor so etwa 1900 Jahren errichten – und sie steht und steht und steht stolz auf ihrem Platz bis heute! Ihre riesige Kuppel ruht auf einem runden Zylinder. Die Wände des Zylinders sind sechs Meter dick und haben kein einziges Fenster. Trotzdem ist es in der Kirche hell, denn im Dach der Kuppel ist ein Loch, durch das die Sonne in die Kirche scheint. Je nachdem, wo die Sonne gerade steht, wandert der Lichtstrahl durch den Raum.

Das Pantheon

Während RCL und Opa Georg sich die Gräber der italienischen Könige ansehen, strecke ich mich in der Mitte des Pantheons aus und bewundere die herrliche Kuppel, die im Sonnenlicht glänzt. Warum nur finde ich einen Zylinder mit Kuppel so beeindruckend? Ich muss träumen, denn plötzlich sehe ich die römischen Baumeister vor mir, über ein Blatt Papier gebeugt und in heftige Diskussionen vertieft. Wieder und wieder zeichnen sie die Kirche, bis ihnen der Kopf raucht: höher, niedriger, breiter, schmaler, alle möglichen Formen von Zylindern mit Kuppeln. Plötzlich dämmert mir, was die Lösung ist: Geometrie! Sie haben einfach das perfekte geometrische Maß für das Pantheon gefunden. Das sieht so aus: Stellt euch einen Würfel vor, den ihr waagerecht in der Mitte unterteilt. In die untere Hälfte stellt ihr den kreisförmigen Zylinder so, dass er an die Wände des Würfels stößt. Die obere Hälfte des Würfels wird von der Kuppel ausgefüllt, die exakt die Form einer Halbkugel hat. Aus den symmetrischen, gleichmäßigen Abmessungen von Zylinder und Kuppel ergibt sich eine absolut harmonische Form, die das Pantheon so einzigartig macht. Ich habe das mal für euch gezeichnet.

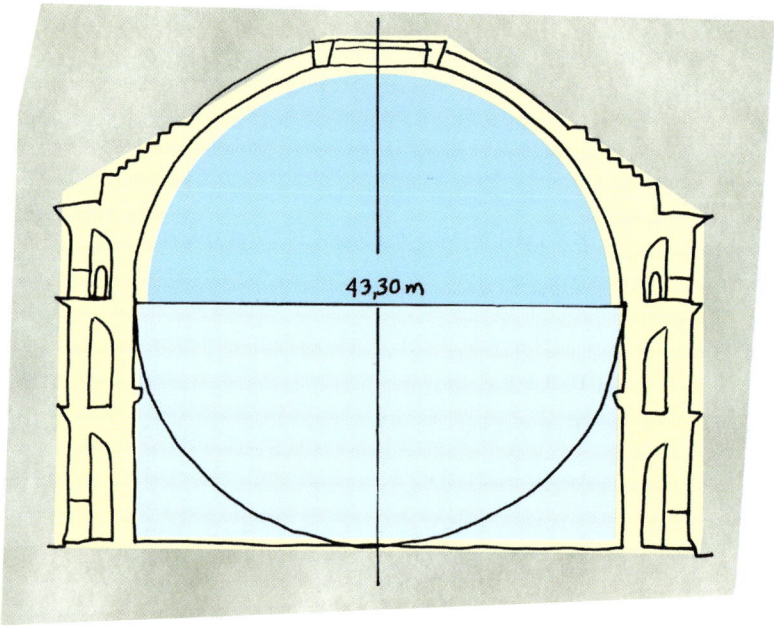

43,30 m

Zylinder und Kuppel des Pantheons

Roms Altstadt ist für eine Ameise wirklich prima, denn sie ist klein. Zu unserem nächsten Ziel sind es nur wenige Schritte durch enge, verwinkelte Gässchen. Schon stehen wir vor der Kirche Santa Maria sopra Minerva, unserer Kirche Nummer 2. Sie ist deshalb eine besondere Kirche, weil sie unter den etwa 1000 Kirchen in Rom die einzige ist, die vor rund 700 Jahren im Baustil der **Gotik** errichtet wurde. An den Fenstern mit den Spitzbogen könnt ihr das erkennen. Als wir die Kirche verlassen, blicke ich auf einen vorwitzigen kleinen Elefanten, der einen ägyptischen **Obelisken** trägt. Der Elefant schwingt munter seinen Rüssel nach hinten, als ob er sich die Flanke kratzen wollte. Jetzt ratet mal, wer den Elefanten entworfen hat: Natürlich schon wieder dieser Bernini. Vielleicht sollten wir diesen Tag Bernini-Tag nennen?

Nur ein paar Ameisen-Trippelschritte weiter kommen wir schon zu unserer Kirche Nummer 3, Sant' Ignazio di Loyola. Als ich im Mittelschiff an die Decke gucke, bekomme ich einen mächtigen Schrecken: Ganz weit oben, fast schon im Himmel, turnen lauter Menschen herum! Hoffentlich fallen die nicht herunter. Aber dann wird mir klar: Alles ist nur gemalt, das ist ein Bild. Puuh, da bin ich echt froh. Dieses krasse Deckenfresko müsst ihr euch ansehen. Stellt euch genau in die Mitte unter das Gemälde und blickt nach oben: Der Künstler **Andrea**

Der Elefant, den der Bildhauer
Bernini geschaffen hat

Pozzo hat hier sozusagen in 3D gemalt. Einige Menschen scheinen von der Decke herabzuspringen, andere klettern scheinbar an den Säulen der Kirche hinauf. Ich sehe Menschen, die bis ganz nach oben in den Himmel fliegen und andere, die fast herunterfallen. Das alles könnt ihr mit bloßem Auge erkennen, eine 3D-Brille braucht ihr nicht. Gerade bekomme ich noch mit, wie Opa Georg RCL erklärt: „Um diese Wirkung zu erzielen, hat der Künstler Andrea Pozzo eine bestimmte Maltechnik verwendet. Mit dieser Technik täuscht er zum Beispiel vor, dass die Säulen der Kirche bis in den Himmel reichen. Man nennt diese Technik **illusionistisch**.“

Beim Mittagessen schiebt mir RCL heimlich ganz echte und überhaupt nicht vorgetäuschte knusprige Brotkrümel zu. Anschließend gehen wir noch ein Eis essen. In Rom gibt es besonders leckeres Eis. Wir gehen zu **Giolitti** – mein Tipp für euch –, wo es Eissorten in  allen Farben des Regenbogens gibt. RCL entscheidet sich für Melone und Brombeere. Natürlich nasche ich bei ihm. Der süße Duft von Honigmelone zieht in meine Nase, dann folgt der säuerlich-herbe Geruch knackig-stacheliger Brombeerbüsche. Mmmh, mitten in Rom bin ich im Schlaraffenland gelandet.

Kurz darauf breitet sich vor uns die Piazza Navona aus, unser Platz Nummer 1. Im alten Rom war die

Der Vier-Ströme-Brunnen auf der Piazza Navona

Piazza Navona ein Stadion für Wettkämpfe und ist deshalb lang und schmal wie der Circus Maximus, nur kleiner. An diesem Platz wohnte im 17. Jahrhundert die Familie des Papstes **Innozenz X.** Innozenz wollte den Platz mit einem besonders schönen Brunnen schmücken. Wer erhielt im Jahr 1648 den Auftrag, den Brunnen zu bauen? Natürlich wieder der Bildhauer und Architekt Bernini. Sein Vier-Ströme-Brunnen ist unser Brunnen Nummer 3 und wirklich ein besonders prachtvolles Bauwerk: Aus dem Wasserbecken erheben sich mächtige Felsen. Auf der Spitze der Felsen strebt ein Obelisk in den Himmel. An den vier Ecken der Felsen sitzen Flussgötter, die die vier größten Flüsse der damals bekannten Kontinente darstellen: Die Donau für Europa, den Nil für Afrika, den Ganges für Asien und den Rio de la Plata für Amerika.

Wie gern würde ich auf die Spitze des Obelisken klettern und das bunte Treiben der Pantomimen, Straßenkünstler, Zauberer und fliegenden Händler auf der Piazza Navona von oben betrachten. Oder die Flussgötter an der Nase kitzeln. Doch das Wasserbecken ist für uns Ameisen unüberwindlich. Ich muss es leider zugeben: Wir Ameisen sind sehr wasserscheu und können nicht schwimmen. Sehnsüchtig blicke ich noch einmal auf den Brunnen. Schon wenden sich RCL und Opa Georg zur Westseite des Platzes, um für heute die letzte Kirche zu besuchen: Sant' Agnese in Agone, unsere Kirche Nummer 4.

Mit dem Bau der Kirche wurde kurz nach der Fertigstellung des Vier-Ströme-Brunnens begonnen. Trotzdem beauftragte Innozenz X. dieses Mal nicht Bernini, sondern einen Architekten namens Rainaldi und später den Architekten Borromini. Die Kirche ist der heiligen Agnes von Rom gewidmet. Diese Agnes war ein sehr frommes Mädchen und wollte ihr Leben Jesus Christus weihen. Daher weigerte sie sich, den Sohn des Präfekten zu heiraten. Das ärgerte diesen ganz gewaltig. Er wollte Agnes bestrafen. In aller Öffentlichkeit sollte sie sich nackt ausziehen. Doch als sie sich auszog, wuchsen ihre Haare wie durch ein Wunder in null Komma nichts bis zum Boden. So konnte niemand sehen, dass sie nackt war. Außerdem soll sie von einem hellen Lichtschein umgeben gewesen sein. Das ist natürlich nur eine Legende. Keiner weiß ganz genau, ob das alles wirklich so passiert ist, aber ich finde, es ist ein nettes Wunder. Leider ist die Legende damit noch nicht zu Ende. Als die Menschen das Wunder mit den Haaren sahen, erschraken sie sehr und hielten Agnes für eine Hexe. Sie wurde zum Tode verurteilt und starb für ihren Glauben an Gott. Eine Skulptur der heiligen Agnes findet ihr am Hochaltar der Kirche.

So, jetzt haben wir schon vier Kirchen, drei Brunnen und einen Platz besichtigt. Der letzte Platz für heute ist der Campo dei Fiori, also das Blumenfeld. Früher wuchsen hier tatsächlich Blumen. Heute ist es ein Marktplatz, auf dem Blumen, Obst und Gemüse verkauft werden. Umrahmt wird der Platz von alten

Auf dem Campo dei Fiori kann man Blumen, Obst und Gemüse kaufen.

Wohnhäusern. Weder gibt es hier einen prächtigen Brunnen, noch eine berühmte Kirche oder einen wichtigen Palast. Ein Marktplatz eben, und deswegen sind wir hergekommen? Märkte gibt es in Berlin schließlich auch, denke ich ein bisschen enttäuscht. Doch als wir uns in ein Café setzen, um etwas zu trinken und ich das Leben auf dem Platz beobachte, spüre ich allmählich, wie der Platz mich verzaubert – mich, die coole Ameise aus Berlin. Wenn ihr mal so richtig das römische Alltagsleben erleben möchtet, ist der Campo dei Fiori der richtige Ort dafür.

Am Morgen kommen die Römerinnen und Römer, um an den Marktständen Obst und Gemüse zu kaufen. Am Nachmittag und Abend treffen sie sich in den zahlreichen Cafés und Restaurants, um miteinander zu quatschen und im Sonnenuntergang den Tag ausklingen zu lassen. Ungemein gesellig, fast schon gemütlich, geht es auf dem Platz zu, er wirkt wie ein riesengroßes Wohnzimmer. In der milden Abendsonne lasse ich den Tag an mir vorüberziehen und überlege, was mir heute am besten gefallen hat: Das Pantheon? Berninis Brunnen? Sein Elefant? Das fantastisch irrsinnige 3D-Fresko von Andrea Pozzo? Oder doch das himmlische Eis bei Giolitti? Ich fürchte, ich kann mich nicht entscheiden und beschließe, einfach nur die Abendstimmung auf dem Campo dei Fiori zu genießen.

Die Villa Borghese und drei Geschichten

In Rom gibt es wunderschöne Palazzi. So nennt man die großen prunkvollen Stadthäuser. Beim Abendessen hatte Opa Georg erzählt, dass eines der allerschönsten Häuser Roms die Villa Borghese sei, die zudem noch in einem weitläufigen alten Park liege. Also spazieren wir heute gleich nach dem Frühstück durch diesen Park. Das saftige Gras rechts und links des Weges lässt mein Ameisenherz höher schlagen. Bisher habe ich in Rom zwar supertolle Orte gesehen, aber praktisch überhaupt kein Gras.

Als wir um die Ecke eines Weges biegen, werde ich fast geblendet. Strahlend weiß erhebt sich die Villa Borghese vor dem tiefblauen Himmel. **Scipione Borghese** errichtete sie von 1615 bis 1619 als Haus für seine Kunstsammlung. Sie sollte ein würdiger Ort sein für die Meisterwerke der besten Künstler ihrer Zeit. Deshalb musste das Haus von außen und von innen besonders schön und großartig werden. Das ist dem Scipione Borghese und seinen Nachfahren wirklich gut gelungen. Seht selbst, wie schön sie ist – ich habe die Villa Borghese für euch gezeichnet.

Während RCL, Opa Georg und ich die elegante Architektur ausgiebig bewundern, entdecken wir auch die Fluglöcher für die Tauben, die früher im Dach der Villa wohnen durften. Danach betreten wir erwartungsvoll den Eingangssaal im ersten Stock. Er ist der Kultur des Römischen Reiches gewidmet. Vier riesige Köpfe aus Marmor stehen da. Einer davon zeigt den römischen Kaiser Hadrian, der das Pantheon bauen ließ. Lockige Haare, ein kurzer Bart und ein bisschen pausbäckig: So sah der also aus!

Den nächsten Raum erfüllt eine große, strahlend weiße, sehr feine Marmorskulptur von einem Mann

Die Villa Borghese

und einer Frau, die ihr euch unbedingt ansehen müsst. Sie erzählt die Geschichte von Apollo und Daphne.

Der Gott Apollo liebte die Bergnymphe Daphne. Sie aber mochte ihn gar nicht und lief vor ihm weg. Als er ihr immer näher kam und sie ihm nicht entwischen konnte, flehte sie ihren Vater Peneios an, sie zu verwandeln. Kaum hatte sie ihren Wunsch ausgerufen, verwandelte sich Daphne in einen Lorbeerbaum. Ihre Hände und Haare wurden zu Ästen und Blättern, ihr Körper wurde von Baumrinde umgeben und aus ihren Füßen wuchsen Wurzeln. Apollo war sehr traurig über diese Verwandlung und trug seitdem einen Kranz aus Lorbeerblättern zur Erinnerung an seine große Liebe.

So hat der römische Dichter **Ovid** die Geschichte aufgeschrieben. Wenn ihr euch die Marmorskulptur anseht, könnt ihr diese Verwandlung ganz genau erkennen. Zarte Blätter sprießen aus Daphnes Händen, die Baumrinde beginnt, ihren Körper zu umschließen. Apollo stürzt liebestrunken hinter ihr her und kann sie doch nicht mehr erreichen. Und nun ratet mal, wer diese wunderschöne, supercoole Skulptur aus dem harten Marmor erschaffen hat: Unser guter alter Bekannter, der Architekt und Bildhauer Gian Lorenzo Bernini! Mannomann, der hat wohl immer nur gearbeitet.

Lockige Haare und ein kurzgeschnittener
Bart: So sah Kaiser Hadrian aus.

Ein paar Räume weiter steht noch so eine, das muss ich jetzt einfach sagen, superkrasse Marmorskulptur von Bernini. Ein junger Mann trägt einen alten Mann und ein kleiner Junge schmiegt sich an die Beine des jungen Mannes. Auch diese Skulptur erzählt eine Geschichte aus der griechischen Antike.

Eigentlich beginnt die Geschichte mit einem Streit: Die Göttinnen **Hera, Athene** und **Aphrodite** stritten sich darüber, wer die Schönste sei. Paris, ein junger Prinz, sollte entscheiden und wählte Aphrodite, die Göttin der Liebe. Zum Dank dafür versprach Aphrodite ihm die schönste Frau der damaligen Zeit: die schöne Helena. Tatsächlich verliebte sich Helena unsterblich in Paris. Sie war aber schon mit dem König Menelaos von Sparta verheiratet. Kurzerhand entführte Paris die schöne Helena und die beiden flüchteten nach **Troja**. Dort war Paris' Vater Priamos König. Menelaos war ziemlich wütend, dass Paris einfach seine Frau Helena entführt hatte und begann den Trojanischen Krieg, um die schöne Helena zurückzuholen. In Troja lebte noch ein Prinz mit dem Namen Äneas. Er war ein mutiger und starker Kämpfer, doch wurde er im Kampf verletzt. Bei seiner Flucht aus dem brennenden Troja trug er seinen Vater Anchises auf den Schultern und rettete auch seinen kleinen Sohn Askanios. Diese Rettung hat Bernini in der Marmorskulptur dargestellt. Der junge Mann ist Äneas, der alte Mann Anchises und der kleine Junge ist Askanios.

Als wir weiter durch die herrlich dekorierten Räume wandeln, kommen wir zu einer eleganten Dame, die auf einer Art Sofa liegt. Sie stützt sich auf drei Kissen und hält in der linken Hand einen Apfel. Heimlich krabble ich hoch, um mich in die weichen Sofakissen zu schmiegen. Doch daraus wird nichts. Auch diese elegante Dame ist aus hartem Marmor. Der Künstler **Antonio Canova** hat den Marmor tatsächlich so fantastisch bearbeitet, dass er mich, eine schlaue Ameise, täuschen konnte, so echt sehen die Sofakissen aus. Drei Jahre, von 1805 bis 1808, arbeitete Antonio Canova an der Skulptur, um sie so herrlich glänzend und glatt hinzubekommen. Die elegante Dame, die Canova hier in Marmor gemeißelt hat, gab es übrigens wirklich. Sie hieß Paolina Borghese und war eine Schwester des französischen Kaisers **Napoleon.**

Wir setzen unseren Rundgang fort und sehen im Obergeschoss der Villa Borghese noch viele großartige Bilder. Ich glaube, die Villa Borghese gefällt mir deshalb ganz besonders gut, weil sie so schön überschaubar und fast ein bisschen privat ist. Ihr könnt durch alle Räume gehen, ohne schrecklich müde zu werden. In jedem Raum gibt es irgendetwas Tolles zu sehen.

Falls ihr die Villa Borghese besuchen möchtet, hier zwei **Tipps**: Ihr müsst euren Besuch vorher anmelden, den Tag und die Uhrzeit angeben, zu der ihr kommen möchtet, und dafür **Tickets** erwerben. In der Villa Borghese

Ich, als Napoleon
verkleidet

selbst kann man keine Tickets kaufen. Die **Audioführung** ist spitze, da werden die Skulpturen und Gemälde superspannend erklärt.

Im großen **Park der Villa Borghese** kann man Fahrräder mieten, auf den Spielplatz gehen oder sich einfach nur in das saftige grüne Gras legen, wie ich das jetzt mache. Dieser Park ist wirklich ein **Tipp** für euch. Auch einen Zoo gibt es im Park, außerdem ein eigenes Haus nur für Kinder und ein Marionettentheater.

Während wir durch den Park schlendern, fragt RCL Opa Georg ein bisschen enttäuscht: „Schauen wir uns heute gar keine Kirche an?". Ihr habt es wahrscheinlich schon bemerkt: Wenn man in Rom an einem Tag keine Kirche besichtigt, fehlt irgendetwas. So geht es uns jedenfalls. Also führt Opa Georg uns am Nachmittag zu der Kirche Santa Maria Maggiore (sprich: *Madschore*). In Rom gibt es rund 80 Kirchen, die Santa Maria heißen, doch Santa Maria Maggiore ist die größte. „Maggiore" heißt auf italienisch auch „größte". Ich finde, sie ist nicht nur die größte, sondern auch die schönste Kirche, die ich bisher in Rom gesehen habe.

Ungefähr 1600 Jahre ist sie alt. Über den Säulen des Mittelschiffes und auf dem Triumphbogen vor dem Papstaltar entdecke ich herrliche Mosaike.

Zusammengesetzt aus Abertausenden von kleinen farbigen Steinchen erzählt jedes Mosaik eine Geschichte aus der Bibel. Sie sind ungefähr so etwas wie ein 1600 Jahre alter Comic. Nicht ganz so alt, aber auch wunderschön ist der Marmorfußboden. Als ich den verschlungenen Linien und Mustern aus Kreisen, Quadraten und Dreiecken folge, die die **Kosmaten** aus dem Marmor gezaubert haben, entdecke ich eine Inschrift auf dem Boden. Sofort versuche ich sie zu entziffern. Das ist ja nicht zu glauben! Da habe ich doch tatsächlich das

Die Kirche Santa Maria Maggiore

Grab von Gian Lorenzo Bernini entdeckt, dem Architekten und Bildhauer, von dem wir schon so viele tolle Bauten und Kunstwerke in Rom gesehen haben. Hier, in der Kirche Santa Maria Maggiore, ist er begraben.

Ich brauche jetzt erst einmal eine Pause. Also krabbele ich an RCLs Hosenbein hinauf bis zu seiner Jackentasche, um in meiner kleinen Schachtel ein Nickerchen zu machen, während RCL und Opa Georg mit der U-Bahn in unser Hotel zurückfahren.

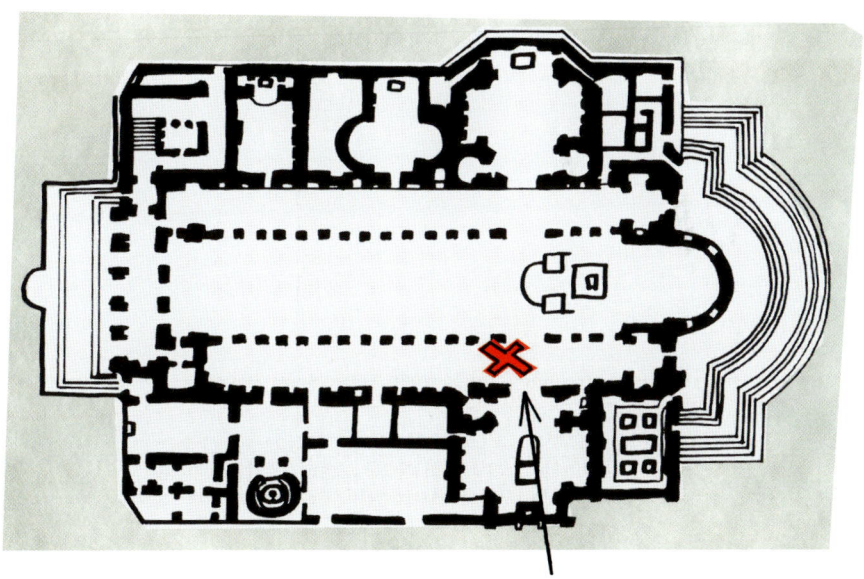

Das Grab des Architekten und
Bildhauers Bernini

Die Stunde der Wahrheit

Heute schlägt für RCL die Stunde der Wahrheit. Wird er sich trauen, seine Hand in die Bocca della Verità, den Mund der Wahrheit zu stecken? Ich wette ja, dass er sich das nicht traut. Wir fahren mit der U-Bahn bis zum Circus Maximus und laufen ein paar Schritte zu der wunderhübschen kleinen Kirche Santa Maria in Cosmedin. Vor deren Eingang hängt eine große runde Marmorscheibe an der Wand. Darauf ist ein, wie ich finde, ziemlich mies gelauntes Gesicht mit offenem Mund zu sehen.

Man nimmt an, dass diese Scheibe ursprünglich, das heißt vor ungefähr 2000 Jahren, als Kanaldeckel für die Cloaca Maxima verwendet wurde. Die Cloaca Maxima war der größte Abwasserkanal des römischen Abwassersystems. Seit dem Jahr 1632 hängt sie nun aber schon vor dem Eingang dieser Kirche. Seitdem hält sich hartnäckig das Gerücht, dass Lügnern, die ihre Hand in den Mund stecken, die Hand abgeschlagen wird. Ich persönlich halte das ja für Humbug. Alle Touristen, die vor uns in der Schlange warten, stecken ihre Hand in den Mund, aber keinem wird die Hand abgeschlagen. Und mir kann doch keiner erzählen, dass die alle nie lügen! Deshalb warte ich gespannt, bis RCL an die Reihe kommt. Ein bisschen blass um die Nasenspitze sieht

Bocca della Verità

er schon aus, weil er ganz genau weiß, dass er sich ab und zu mit einer Notlüge retten muss. Doch dann – er tut es! Er streckt die Hand in den Mund und erzählt dabei dreist die größte anzunehmende Lüge: „Ich liebe es, Hausaufgaben zu machen." Dann zieht er lachend seine Hand heil und unversehrt aus dem Mund heraus. Mist, diese Wette habe ich voll verloren.

Anschließend überqueren wir den Fluss Tiber und besuchen das Stadtviertel Trastevere. Dort sieht es aus wie in einem gemütlichen Dorf. Niedrige Häuser schmiegen sich eng aneinander. Über die schmalen Gassen sind von Haus zu Haus Wäscheleinen gespannt, auf denen die Wäsche zum Trocknen in der Sonne aufgehängt ist. Jetzt, kurz vor der Mittagszeit, werden überall am Straßenrand und auf den Plätzen die Tische der vielen Ristoranti und Trattorie, Bars und Cafés gedeckt.

Eine Bar ist in Rom übrigens nicht, wie bei uns, ein Lokal, in dem Erwachsene abends etwas trinken, sondern eine Art Steh-Restaurant, in dem Italiener sich zu jeder Tageszeit treffen. Bei einem Kaffee oder einem kleinen Imbiss tauschen sie morgens, mittags und abends kurz die wichtigsten Neuigkeiten aus oder lehnen einfach nur entspannt an der Theke. Da es für das Mittagessen noch ein bisschen früh ist, gehen wir in so eine Bar. Opa Georg bestellt einen Espresso und RCL eine Aranciata (sprich: *Arantschata*), also eine Orangenlimonade, von der ich heimlich mittrinke. Sie schmeckt richtig lecker nach saftigen süßen Orangen.

Auf einem kurzen Spaziergang durch die sonnigen Gassen werfen wir einen Blick in die Kirche Santa Maria in Trastevere. Sie war die allererste Kirche in Rom, die nach der heiligen Maria benannt wurde und wurde im Jahr 350 nach Christi Geburt errichtet. Die uralten Säulen, die das Mittelschiff von den Seitenschiffen trennen, stammen noch aus dieser Zeit. Wir gehen bis nach hinten zur Apsis, das ist der halbrunde Raum am Ende des Längsschiffes. Dort will Opa Georg RCL etwas ganz besonderes zeigen. „Schau dir mal die Mosaike an", fordert er RCL auf, „was siehst du?" „Mmmh", RCL kratzt sich am Kopf. „Oben, das sind Christus und Maria und noch ein paar Leute, vielleicht ein paar andere Heilige. Christus ist größer als die anderen. Alle schauen total starr und leblos gerade aus, und der Hintergrund ist einfach nur eine goldene Fläche." „Das hast du prima beschrieben, RCL", lobt Opa Georg, „und sehen die Mosaiken unten genauso aus?" RCL betrachtet die unteren Mosaike ganz genau. „Nö. Gar nicht. Die Leute unten sehen irgendwie lebendig aus, wie richtige Menschen. Der eine da guckt ganz traurig, aber die anderen daneben sehen fröhlich aus, und der dahinten irgendwie gebieterisch. Sie stehen auch nicht nur einfach herum, sondern machen Gesten und Posen, als wenn sie sich bewegen. Wieso sehen die Mosaike oben und unten denn so unterschiedlich aus?" „Ich bin stolz auf dich, RCL, du hast die Unterschiede sehr gut erkannt", strahlt Opa Georg. „Die oberen Mosaike stammen aus dem 12. Jahrhundert. Die unteren Mosaike sind 100 Jahre später entstanden als die oberen. Der Künstler, der die unteren Mosaike geschaffen hat, suchte damals nach einer neuen Art der Darstellung, die die Welt nicht flächig und starr, sondern naturgetreu und lebendig zeigen sollte. Er war damit im 13. Jahrhundert ein echter

Trendsetter, weil seine Art der Darstellung damals noch nicht üblich war."

Inzwischen ist es Zeit zum Mittagessen geworden. Wir suchen uns eine hübsche kleine Trattoria unweit des Tiber-Ufers aus. Bisher haben wir uns meistens mit einer Portion Nudeln oder einer Pizza begnügt. Doch heute, an unserem letzten Tag in Rom, wollen wir ein richtiges italienisches Mahl zu uns nehmen. Das beginnt mit einer Auswahl kalter Vorspeisen, den Antipasti. Es folgen die warmen Vorspeisen: Für RCL eine Minestrone, das ist eine Gemüsesuppe, und für Opa Georg Carciofi alla Romana, also Artischocken nach

Guten Appetit!

römischer Art. Danach gibt es den primo piatto, den ersten Gang: Conchiglie (sprich: *Konkilie*) con Broccoli, Muschelnudeln mit Broccoli, für RCL und ein Risotto alla Milanese für Opa Georg. Anschließend kommt der secondo piatto, der zweite Gang, das ist der eigentliche Hauptgang. Ein richtiger Italiener würde übrigens niemals Nudeln als Hauptgang essen. RCL entscheidet sich für Pollo al Limone, Hühnchen in Zitronensauce, und Opa Georg für Saltimbocca alla Romana, Kalbschnitzel nach römischer Art. Natürlich darf zum Abschluss ein Dolce (sprich: *Doltsche*), also eine Nachspeise nicht fehlen. Es gibt Panna Cotta für RCL und ein Stück Torta di Mandorle, Mandelkuchen, für Opa Georg, der dazu noch einen kleinen, sehr heißen Espresso trinkt. Ich habe natürlich von allem heimlich genascht und fühle mich jetzt so rund wie ein Marienkäfer. Also, jeden Tag könnte ich nicht so viel essen! Doch für die Italiener scheint das völlig normal zu sein. Sie unterhalten sich, lachen, gestikulieren – und fühlen sich offensichtlich pudelwohl. Auch Opa Georg und RCL strahlen beide. „Mann, war das gut", stöhnt RCL, „solches Essen hätte ich gerne in unserer Schulkantine!" Opa Georg lacht und meint: „Daran werde ich dich erinnern, wenn du zu Hause wieder Fischstäbchen mit Pommes essen möchtest. Komm, wir gehen jetzt auf den Gianicolo (sprich: *Dschanicolo*). Von dort haben wir einen herrlichen Blick über Rom."

Garibaldi und die Freiheit

Der Gianicolo ist ein weiterer Hügel in Rom. Wir wandern durch den Park bis zum Denkmal für Giuseppe Garibaldi auf der Spitze des Hügels.

Von diesem Giuseppe Garibaldi möchte ich euch noch kurz erzählen. Er war ein mutiger, verwegener Freiheitskämpfer. Als er im Jahr 1807 geboren wurde, gab es den Staat Italien noch nicht. Das Gebiet von Italien war in viele kleine einzelne Reiche zersplittert. Einige Teile in Norditalien wurden von Österreich mitregiert, in anderen Teilen Italiens war Frankreich der Bestimmer. Nur ein Gebiet, das Sardinien-Piemont hieß, war unabhängig. Garibaldi liebte sein Land und wollte die fremden Herrscher verjagen. Italien den Italienern! Für diese Freiheit kämpfte er im Jahr 1848, doch gelang es ihm da noch nicht, die fremden Herrscher zu vertreiben. Garibaldi musste fliehen. Ein paar Jahre später kehrte er zurück und fasste einen tollkühnen Plan. Mit einer kleinen Armee von nur 1000 freiwilligen Kämpfern segelte er im Jahr 1860 nach Sizilien im Süden Italiens. Von dort aus wollte er die fremden Herrscher aus Italien vertreiben und ganz Italien vereinigen. 1000 Mann waren dafür natürlich zu wenig. Auch waren sie schlecht ausgerüstet. Doch Garibaldi vertraute darauf, dass die Menschen in Sizilien sich ebenso nach

Freiheit sehnten und sich seinem Kampf anschließen würden. Sein Plan gelang. Immer mehr Italiener folgten Garibaldi begeistert, bald waren es 10.000. Sie vertrieben den König von Sizilien. So wurde ganz Süditalien unabhängig. Es vereinigte sich im Jahr 1861 mit Sardinien-Piemont zum Königreich Italien unter König Viktor Emmanuel II. In den nächsten Jahren gelang es, auch in allen anderen Gebieten Italiens die fremde Herrschaft zu beenden. Im Jahr 1871 war Italien ein geeinter **Nationalstaat**. Garibaldis Traum war erfüllt. Für die Italiener wurde er zum Nationalhelden und Rom wurde die Hauptstadt Italiens.

Der Freiheitskämpfer Giuseppe Garibaldi

Verträumt blicke ich vom Gianicolo hinab auf dieses Rom. Der Tiber fließt träge durch die Stadt. Die letzten Touristengruppen erkunden das Forum Romanum. Die Motorroller drängeln sich an den Straßenkreuzungen und flitzen um die Kurven. Auf den Dachterrassen, in den Straßen und auf den Plätzen treffen sich die Menschen zum Feierabend. Und über allem glänzen die Kuppeln des Petersdoms und der vielen anderen Kirchen im warmen Licht der Abendsonne. Paris ist schick, London ist crazy, Berlin ist cool – aber nur Rom ist die EWIGE STADT.

Arrivederci Roma

Leider müssen wir von Rom Abschied nehmen. Doch ich bin nur ein bisschen traurig, denn ich weiß: Rom, diese starke, schöne Stadt voller Geschichte wird auch noch da sein, wenn ich wiederkomme. Während Opa Georg einen letzten Espresso in der Bar gegenüber unserem Hotel trinkt, setzen RCL und ich unsere Sonnenbrillen auf und überlegen, was wir bei unserem nächsten Besuch in Rom anschauen wollen: Die antike Via Appia und die geheimnisvollen Katakomben, die wunderschönen Palazzi am Tiber-Ufer und Ostia, den Hafen Roms. Na dann – Arrivederci Roma, auf Wiedersehen, Rom!

Eure Emse

emse@emse-berlin.de

Hier sind einige Fotos aus Rom für euch

Bocca della Verità

Säulen auf dem
Forum Romanum

In Rom gibt es unzählige tolle Kirchen

Romulus und Remus

Circus Maximus

Auch im Schatten
trocknet die Wäsche

Forum Romanun

Emse in Rom

Pantheon

Engelsbrücke

Kolosseum

Leckere Eiswaffeln in
einem römischen Eiscafé

Tipps und Informationen

Ara Pacis
Museo dell' Ara Pacis, Lungotevere in Augusta, 00186 Roma; Informationen (auf Englisch) findet ihr hier: http://en.arapacis.it/il_museo/editoriale

Giolitti Eiscafé
Via Uffici del Vicario 40, 00186 Rom, www.giolitti.it/en

Petersdom, Kuppel
Tickets nur für den Petersdom gibt es leider nicht. Das Anstehen kann man vermeiden, wenn man eine Führung bucht, die von vielen verschiedenen Anbietern angeboten wird.

Roma Pass
Informationen zum Roma Pass und die Möglichkeit, ihn online zu kaufen, gibt es unter anderem hier: www.romapass.it/p.aspx?l=en&tid=2

Vatikanische Museen, päpstliche Kutschen und Fahrzeuge
Musei Vaticani, Viale Vaticano, 00165 Rom; Informationen und Tickets gibt es unter anderem hier: http://mv.vatican.va/6_DE/pages/MV_Home.html

Villa Borghese, Tickets, Audioführung, Park
Piazzale del Museo Borghese 5, 00197 Rom;
Informationen (auf Englisch) und Tickets gibt es
unter anderem hier:
www.galleriaborghese.it/borghese/en/evilla.htm

Zi Gaetana
Via Cola di Rienzo 263, 00192 Rom,
www.zigaetana.com/EN

Und das könnte euch auch interessieren

Antike
nennt man heute die Zeit ungefähr von 800 vor bis 600 nach Christi Geburt. Zur Antike im engeren Sinn gehören die Griechische Antike und die Römische Antike. Sie bezeichnet die letzte Phase des Altertums. Die Zeitepoche danach nennt man Mittelalter.

Andrea Pozzo
(1642 bis 1709) war ein italienischer Maler und Architekt. Er lebte in der Zeit des **Barock** und malte sehr gern im Stil des **Illusionismus.**

Antonio Canova
(1757 bis 1822) war ein italienischer Bildhauer des **Klassizismus.**

Aphrodite
Aphrodite ist in der griechischen Mythologie die Göttin der Liebe und der Schönheit.

Aquädukt
Die Wasserleitungen, mit denen die alten Römer frisches Wasser von der Quelle bis zu den Brunnen in Rom führten, nennt man Aquädukte.

Archäologen

sind Altertums-Forscher. Sie suchen nach alten Gegenständen und Orten von Völkern, die im Altertum gelebt haben und die es heute nicht mehr gibt. Dafür graben sie oft an den Stellen im Boden, von denen sie vermuten, dass dort früher Menschen gelebt haben.

Athene

Athene ist in der griechischen Mythologie die Göttin der Weisheit.

Augustus

(63 vor bis 14 nach Christi Geburt) war vom Jahr 31 vor Christi Geburt bis zu seinem Tod Kaiser des römischen Reiches. Er war ein Großneffe von Julius Caesar.

Barock

nennt man den Kunst- und Architekturstil im 16. und 17. Jahrhundert. Er zeichnet sich durch üppige, prunkvolle, pompös geschwungene Formen und Verzierungen aus.

Bernini

Gian Lorenzo Bernini (1598 bis 1680) war einer der bedeutendsten Bildhauer und Architekten Italiens zur Zeit des **Barock**.

Bramante

Donato Bramante (1444 bis 1514) war ein bedeutender italienischer Architekt zur Zeit der **Renaissance**.

Bürgerkrieg

Wenn innerhalb eines Staates verschiedene Parteien und Gruppen miteinander streiten und sich mit Waffen bekämpfen, nennt man das Bürgerkrieg. Meistens kommt es zu einem Bürgerkrieg, wenn diese verschiedenen Gruppen über ein Thema unterschiedlicher Meinung sind.

Clemens XII.

(1652 bis 1740) war von 1730 bis 1740 Papst.

Gotik

nennt man den Baustil in Europa vom 12. bis 15. Jahrhundert. Besonders war, dass durch die Verwendung von Spitzbogen, Kreuzrippengewölben, Strebepfeilern und Strebewerken die gotischen Kirchen den Eindruck von Leichtigkeit und Schwerelosigkeit vermitteln sollten.

Hadrian

(76 bis 138) war von 117 bis 138 Kaiser des Römischen Reiches.

Hera

Hera ist in der griechischen Mythologie die Frau von Zeus und die Göttin der Familie. Sie wir auch als Mutter aller Götter betrachtet.

Illusionismus

ist ein Kunststil, der zur Zeit des **Barock** entstanden ist. Künstler des Illusionismus verwenden Perspektive, Licht, Schatten und auch optische Täuschungen, um in ihren Bildern eine dreidimensionale Wirkung zu erzielen.

Innozenz X.

(1574 bis 1655) war von 1644 bis 1655 Papst.

Julius II.

(1443 bis 1513) war von 1503 bis 1513 Papst. Er legte den Grundstein für den Neubau des Petersdoms.

Juno

Juno hat in der römischen Mythologie die gleiche Position, wie Hera in der griechischen Mythologie. Als Frau von Jupiter (Zeus in der griechischen Mythologie) ist sie die Göttin der Familie.

Katholische Kirche

Die katholische Kirche ist eine Gemeinschaft von Gläubigen. Sie ist die größte Kirche, also Glaubensgemeinschaft, innerhalb des Christentums. Das Christentum ist eine der fünf Weltreligionen. Die anderen Weltreligionen sind der Islam, der Buddhismus, der Hinduismus und das Judentum.

Klassizismus

nennt man den Kunst- und Architekturstil im 18. und frühen 19. Jahrhundert. Er löste den Barock und das Rokoko ab und orientierte sich an antiken griechischen und römischen Vorbildern und Stilelementen. Im Gegensatz zum Barock sind die Formen des Klassizismus schlicht und geradlinig.

Kosmaten

waren Kunsthandwerker, die besonders geschickt kunstvolle Einlegearbeiten aus Marmor herstellen konnten. Dabei haben sie sich oft antike Muster als Vorbild genommen.

Leonardo da Vinci

(1452 bis 1519) war ein berühmter italienischer Maler, Bildhauer, Architekt und Ingenieur. Er hat ein sehr bekanntes Bild gemalt: Die schöne Mona Lisa. Mehr über Leonardi da Vinci könnt ihr in *Emse reist nach Paris* erfahren.

Mars

Mars ist in der römischen Mythologie der Gott des Krieges und der Landwirtschaft.

Napoleon I. Bonaparte

(1769–1821) war von 1804 bis 1814 Kaiser von Frankreich.

Nationalstaat

Wenn ein Volk, das sich einer gemeinsamen Sprache und gemeinsamen Traditionen verbunden fühlt, also zum Beispiel das Volk der Italiener, sich in einem Staat organisiert, nennt man das einen Nationalstaat. Der Gegensatz dazu wäre ein Vielvölkerstaat, in dem sich viele verschiedene Völker, also zum Beispiel Franzosen, Deutsche und Italiener, in einem Staat organisieren.

Nicola Salvi

(1697 bis 1751) war ein italienischer Architekt. Der Trevi-Brunnen in Rom ist sein Hauptwerk.

Obelisk

Ein Obelisk ist ein viereckiger Steinpfeiler mit einer Spitze in der Form einer Pyramide. Obelix, der Hinkelsteinlieferant aus den Asterix-Comics ist nach dem Obelisken benannt.

Ovid

(43 vor bis 17 nach Christi Geburt) war ein Dichter im Römischen Reich. Sein bekanntestes Buch heißt „Metamorphosen" und erzählt Verwandlungsgeschichten aus der Welt der griechischen Götter.

Pietà

Pietà nennt man in der Kunst die Darstellung von Maria, die um ihren toten Sohn Jesus Christus trauert. Er liegt dabei immer auf ihrem Schoß.

Renaissance

nennt man den Kunst- und Architekturstil im 15. und 16. Jahrhundert. Besonders war, dass die Künstler und Baumeister sich an den Ideen der Antike orientierten und sich intensiv mit der Beobachtung der Natur beschäftigten.

Republik

ist eine Form, wie ein Staat sich organisieren kann. Wichtigstes Merkmal ist, dass das Staatsoberhaupt und weitere Volksvertreter, wie zum Beispiel das Parlament, vom Volk für eine bestimmte Zeit (die Amtszeit) gewählt werden.

Scipione Borghese

(1577 bis 1633) war nicht nur ein Kunstsammler und Förderer der Künstler, sondern bekleidete auch viele Ämter in der katholischen Kirche.

Septimius Serverus

(146 bis 211) war von 193 bis 211 Kaiser des Römischen Reiches.

Sklaven

Als Sklaven bezeichnet man Menschen ohne eigene Rechte, die einem anderen Menschen gehören und völlig von ihrem Besitzer abhängig sind. Früher geschah es oft, dass Kriegsgefangene als Sklaven verkauft wurden. Heute ist Sklaverei auf der ganzen Welt verboten.

Tempel

Ein Tempel ist so etwas ähnliches wie eine Kirche. Zu allen Weltreligionen gehören Tempelgebäude zur Ausübung der Religion. Im Christentum sind heutzutage Tempel fast überall durch Kirchenbauten abgelöst worden.

Tiber

Der Tiber ist der Fluss, der durch Rom fließt und kurz darauf ins Mittelmeer mündet. Er ist 405 Kilometer lang. Seine Quelle ist in dem Gebirge Apennin.

Titus

(39 bis 81) war von 79 bis 81 Kaiser des Römischen Reiches.

Triton

Tritonen sind Meeresgötter in den Geschichten der Götter und Helden der Griechischen Antike.

Troja

war eine wichtige Stadt in der Antike und lag am Mittelmeer auf dem heutigen Gebiet der Türkei. Sie war von starken, uneinnehmbaren Mauern umgeben. Der Sage nach gelang es den Griechen unter König Menelaos nur durch eine schlaue List, die Stadt zu erobern: Sie schickten den Trojanern ein riesiges Holzpferd als Geschenk. In dem Holzpferd versteckt schmuggelten sie jedoch griechische Soldaten in die Stadt, die die Stadt zerstörten.

Urban VIII.

(1568 bis 1644) war von 1623 bis 1644 Papst.

Vergil

(70 bis 21 vor Christi Geburt) gilt als der wichtigste Dichter der römischen Antike. In seinem Buch *Aeneis* erzählt er die Vorgeschichte der Gründung Roms.

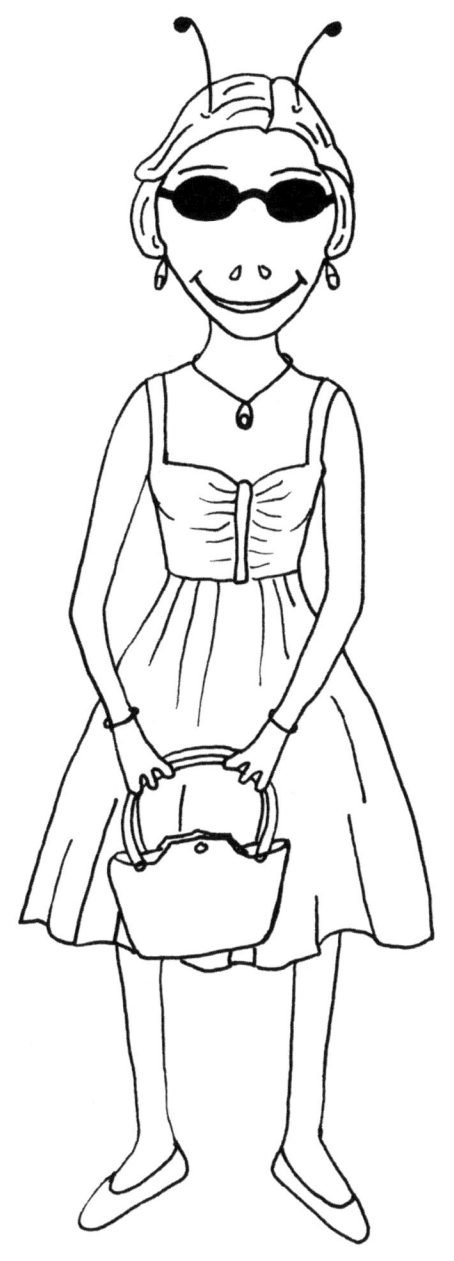

Hier ist Platz für eure Notizen

Dank

an unsere kritischen Testleser Sophie, Alexander und Chawakorn, an Lutz und Stefan für Ansporn, Unterstützung und kritische Fragen, an Antje Stock, Ulla, Petra, Katharina und Tom für viele Hinweise und Anregungen, an Svenja, an Christian Rothmann und Werner Ehmann für wertvolle Ratschläge und an Opa Georg, den es wirklich gab und der jetzt durch die Wolken reist.